AF562429

RÉPONSE A MESSIEURS

MAUGUIN ET D'ARGOUT.

LA FRANCE

ET LES COLONIES

OU

LE SUCRE INDIGÈNE,

PAR M. ÉDOUARD DE P***** Y.

PRIX : 1 FR.

PARIS,
ÉBRARD, LIBRAIRE-ÉDITEUR,
Rue des Mathurins-St.-Jacques, 24.

1836

La question n'est ici prise que de haut et débattue sur ces deux points les plus importans : les colonies et l'intérêt agricole ou le bien-être du pays. Jusqu'aujourd'hui, dans tous les écrits en faveur de la fabrication métropolitaine, il semble qu'on ait eu peur d'aborder ce sujet des colonies ou timidement l'on a cherché à établir que les colonies et le sucre indigène pouvaient vivre en bonne intelligence. Il ne faut pourtant pas se dissimuler que les alarmes des colonies ne sont point vaines ; aussi, quoique jusqu'à ce jour, elles aient fourni autant de sucre à la France qu'à aucune autre époque, elles ont senti que le coup les frappait plus avant, et que cette question des sucres était une question de vie ou de mort pour elles, *en tant que colonies*. C'est la vérité.

Mais pourquoi donc, diront certaines gens, aller pour une question aussi secondaire, attenter à l'état de chose actuel et bouleverser notre système politique, financier et commercial? Pourquoi se jeter aussi imprudemment dans les hasards d'une réorganisation nouvelle pour quelques fabricans! Pourquoi? parce que cette question des sucres n'est pas celle de la prospérité d'un petit nombre de Français, mais celle du bien-être des trente-trois millions d'hommes qui couvrent le sol de France, une question de malaise réel comme à Lyon, et sur une bien autre échelle, une question de troubles et d'émeutes; parce que, si aujourd'hui cette question des sucres oblige d'abord de poser celle de l'existence des colonies, demain c'en sera une autre plus grave encore peut-être ; parçe que *le temps des colonies est venu* et qu'il est nécessaire que nos hommes d'état le sachent.

S'il ne faut pas se dissimuler ces choses, il ne faut pas se dissimuler non plus qu'en demeurant bouche close, on n'eût pas empêché de placer la question sur ce terrain lors de la discussion à la Chambre ; ce sera bien certainement cette position que choisiront M. Mauguin et ses partisans. Pourquoi donc reculer? c'est plus que de la faiblesse, c'est une faute.

Il importe au pays, il importe même aux fabricans de sucre, qu'on s'explique nettement, ouvertement et qu'on apprécie bien toute la gravité de la résolution à prendre.

RÉPONSE A MM. MAUGUIN ET D'ARGOUT.

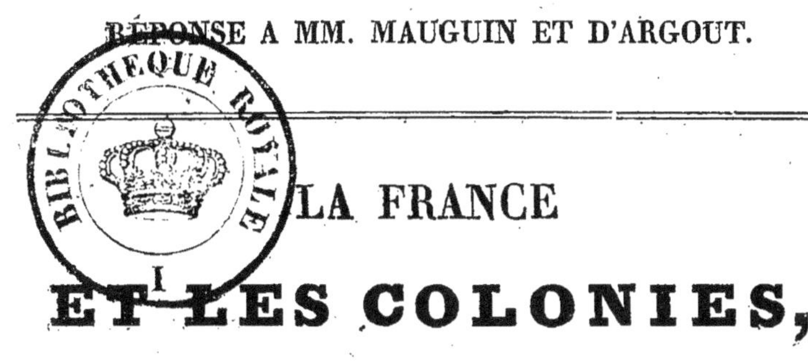

LA FRANCE ET LES COLONIES,

OU

LE SUCRE INDIGÈNE,

PAR M. ÉDOUARD DE P*****Y.

L'attention publique vient d'être appelée sur cette question *des sucres*, déjà fort importante par elle-même, mais qui acquiert un bien plus haut degré de gravité par celles auxquelles elle est liée.

Il semble donc que le moment soit venu de saisir la chose au fond, de la juger, et d'éclairer à cet égard l'opinion. M. Mauguin a commencé par adresser au ministre sa lettre en faveur des colonies avec des conclusions dignes sans doute de l'intérêt qu'il représente et telles que les devait faire *l'avocat des colonies*, mais non certes telles que les devait faire, je ne dirais pas un économiste, mais un homme public, un représentant du pays, un fils du sol français.

Nous serons bref et laisserons non seulement les divagations, mais même des détails qui pourraient ajouter quelques forces à ces considérations, à charge de les rendre beaucoup plus volumineuses ; nous ne donnerons que l'indispensable.

Et d'abord il est à propos d'examiner la position

d'une colonie à l'égard de sa métropole, et de se rendre bien compte de cette double situation si différente.

Comment se forme une colonie ? Et qu'est-ce qu'une colonie ? Quel est le but qu'on y a cherché?

S'il est quelque chose d'évident, de palpable au monde, c'est que toutes les nations modernes qui ont eu et formé des colonies, n'ont eu qu'un même et seul résultat en vue, leur avantage, le profit de la mère-patrie qui fondait. Il n'est pas un seul exemple du contraire; et réellement, on ne concevrait pas qu'il y en eût; car on se demanderait alors pourquoi aller, à grands frais, implanter dans une terre étrangère et lointaine des établissemens coûteux, y exporter une partie active de travailleurs, en un mot, se vouer dans le principe à de grands sacrifices, pourquoi tout cela ? Pour l'humanité, pour déposer sur ces terres sauvages des germes civilisateurs et hâter l'union de la grande famille, hélas ! il faut bien le dire, nous n'en sommes pas encore là. Pourquoi donc ? Si ce n'est pour le profit personnel du peuple fondateur et dans la seule vue de ses avantages, à lui?*

Ainsi une colonie n'est *fondée uniquement* que pour l'accroissement du bien-être de celui qui fonde, point

---

(*) L'objet des colonies est de faire le commerce à de meilleures conditions qu'on ne le fait avec des peuples voisins avec lesquels tous les avantages sont réciproques. On a établi que la métropole seule pourrait négocier dans la colonie, et cela avec grande raison, parce que le but de l'établissement a été l'extension du commerce, non la fondation d'une ville ou d'un nouvel empire.

Il est encore reçu que le commerce établi entre les métropoles n'entraîne pas une permission pour les colonies qui restent toujours dans un état de prohibition.

Le désavantage des colonies qui perdent la liberté du commerce est visiblement compensé par la protection de la métropole qui la défend par ses armes ou la maintient par ses lois.

(*Montesquieu*, *Esprit des lois*).

du tout du pays où on l'établit et de ceux qui s'y fixent.

Voilà qui est souverainement injuste, allez-vous dire, et contraire au droit, à la justice.

Je n'en disconviens nullement, mais il faut confesser aussi que la chose est telle et que le fait parle assez haut lui-même pour être manifeste à tous.

Mais cette position est affreuse, spoliatrice, destructive de l'établissement fondé.

J'en suis d'accord, aussi toutes les colonies tendent-elles à s'affranchir, comme nous en avons vu de remarquables exemples; toutes sans exception; car toutes sont semblables aux Ilotes, aux Serfs et à tous ceux à qui le travail était imposé en faveur d'autres au-dessus d'eux. Or, une pareille monstruosité doit cesser; le travail tend chaque jour à être la propriété du travailleur, son seul possesseur légitime.

Les colonies, comme les Ilotes, les Serfs et les esclaves, les colonies s'affranchiront. J'en doute moins que personne et je suis aussi profondément convaincu, aussi vivement pénétré que qui que ce soit de la souveraine injustice des métropoles à l'égard des colonies; car il n'est pas plus permis à un pays ou à un peuple de faire un autre pays ou un autre peuple son tributaire, son producteur forcé, qu'il n'est licite à un homme d'exploiter un homme. Il y a crime dans les deux cas; il y a violation flagrante *du droit*. C'est ce sentiment plus éclairé du juste et de l'injuste, aujourd'hui plus universellement répandu, qui fait qu'on accueille sans s'en rendre compte, mais avec une certaine faveur, les doléances des colonies et qu'on s'apitoye sur leur position qui vraiment est fort triste et, comme je le dis, le résultat d'une souveraine injustice.

Les colonies ne peuvent acheter qu'en France, vendre qu'en France et ne faire le commerce que par des navires de France.

Qu'on fasse cesser cette criante injustice, ainsi que toutes les autres; je ne demande pas mieux, qu'on détruise l'Ilotisme colonial, ce ne sera pas ma voix qui s'élèvera jamais pour maudire une disposition qui rétablit les choses telles qu'elles devraient être et venger le droit outrageusement violé et méconnu.

Mais enfin, ou les colonies françaises seront *colonies*, esclaves au profit de la métropole, comme elles le sont aujourd'hui, ou elles seront *libres*, et à notre égard ce que sont les États-Unis à l'Angleterre; il n'y a pas de milieu, l'un ou l'autre. Or, je prétends, quelle que soit la position qu'on fasse aux colonies, prouver que la prohibition du sucre de canne, ou si l'on aime mieux les droits considérables dont il est frappé à son entrée en France, sont licites relativement à la position qu'on leur voudra donner et de plus éminemment utiles, je ne dis pas aux fabricans de sucre indigène, dont beaucoup se ruinent, mais au grand nombre, à la masse.

Je prends bien ici la tournure d'un partisan du monopole, d'un soutien du système prohibitif et d'un adversaire déclaré de la liberté commerciale, laquelle, Dieu merci, commence à trouver des défenseurs : ce qui prouve évidemment du progrès en matière de législation commerciale et de lois de douanes, et une meilleure entente des intérêts généraux. Il n'en est point ainsi cependant, et j'ai assez de bon sens pour croire qu'il est aussi ridicule qu'un peuple veuille se suffire à lui-même (en supposant qu'il le puisse, ce qui est impossible et le condamnerait forcément à de nombreuses privations), qu'à un homme de prétendre être à la fois son cordonnier, son tailleur, son boulanger, son forgeron et le reste. Cette opinion était pourtant celle de nos pères, Dieu leur fasse paix! qui disaient avec une naïve confiance aux États de 1626 : « La France a ce » bonheur qu'elle se peut aisément passer de ses voisins » et que ses voisins ne peuvent se passer d'elle, l'Espa» gne manque de blé, le Septentrion de vin. »

La France ne peut pas plus se passer de l'Angleterre, de la Russie, des États-Unis, que je ne puis me passer de *vous* qui me lisez ou de vos semblables; *toute la terre se tient et les hommes aussi*. On le sait aujourd'hui, c'est chose jugée, je la laisse donc là.

Quelqu'outré partisan que je sois de la liberté illimitée du commerce à laquelle j'ai foi comme dans l'affranchissement des colonies, comme dans la réhabilitation de tout droit aujourd'hui méconnu et foulé aux pieds, cette liberté, cependant, ne m'a pas fait tourner la tête et abdiquer le jugement.

Je crois donc que la proclamer tout-à-coup serait chose aussi peu sage et aussi peu raisonnable que de n'y pas marcher progressivement. Les motifs de cette opinion sautent aux yeux de tous, et le premier, c'est qu'il faudrait l'accord et l'assentiment de tous les gouvernemens qui régissent aujourd'hui les sociétés, assentiment sans lequel ce système est impraticable. Nous aurons donc encore des lois de douanes, un système prohibitif? Oui, mais il le faudrait bien entendre.

Posons à cet égard des principes.

Il me semble que pour tout le monde comme pour moi, en matière de lois commerciales, il faut d'abord songer à l'intérêt général, puis se bien pénétrer de cette vérité que chaque pays a des productions naturelles et particulières à son sol, par conséquent, que tous doivent s'entraider et chercher la satisfaction de leurs besoins par l'échange de leurs produits, sans s'obstiner stupidement à user de leurs propres ressources qui ne peuvent remplacer celles qui leur manquent.

Il me semble qu'il serait singulièrement absurde et

mauvais de faire des lois de douanes qui auraient pour but de vouloir implanter dans le sol d'un pays certains produits qui se refuseraient à y croître, ou d'y faire naître certaines industries incompatibles avec des matières premières fournies par le sol.

Il me semble que les lois prohibitives ne peuvent *être bonnes* que lorsqu'elles empêchent l'anéantissement d'une industrie nationale qui a naturellement vie dans le pays et dont l'accroissement ne peut qu'être utile à la masse, et cela en n'ouvrant pas subitement la barrière à des nations chez lesquelles la même industrie se trouvant beaucoup plus développée, leurs produits inonderaient complétement nos marchés, et étoufferaient sans coup férir les efforts de l'industrie naissante.

C'est d'après ces principes que je crois assez larges, et qui, à mon avis, ne heurtent pas trop la justice et le droit sens, que je demande que l'on juge la question.

Voyons donc si la fabrication du sucre indigène est *une industrie nationale, ayant naturellement vie dans le pays, et si l'accroissement de cette industrie est utile au plus grand nombre.*

Que toutes les industries pour lesquelles des prohibitions ont lieu soient ainsi examinées, qu'on les envisage sous ce double rapport, comme *industrie naturelle* et *utile à tous*, et l'on verra si beaucoup pourront soutenir la lumière. Aussi, suis-je convaincu que les intéressés ne s'en soucieraient guère.

Les fabricans de sucre indigène (et je ne le suis point) peuvent se présenter tête haute devant leurs juges, certains d'avoir gain de cause s'ils sont intègres et éclairés.

J'ai dit que je serai bref, je ne ferai donc pas l'histoire de la fabrication du sucre de betterave en France, depuis cette époque où il s'est vendu 5 fr. d'abord, puis 3 et 2 francs la livre, et toujours en causant la ruine des entrepreneurs, jusqu'à ce jour où il y a gain pour eux, lorsque le cours se tient à 60 cent. Je ne m'appesantirai pas sur la conquête pénible et longue, et non sans perte et sans désastre de cette industrie, qui n'est devenue *nôtre* qu'après bien des mauvais succès et des revers multipliés, non plus que sur les progrès immenses des procédés de fabrication, lesquels sont assez frappans par le bas prix où l'on peut aujourd'hui livrer le sucre, en y gagnant encore.

Je ne m'arrêterai pas à constater les beaux et nobles succès de cette industrie, l'activité qu'elle a donnée aux constructeurs de machines, à nos mécaniciens, à nos ingénieurs civils, *classe* si *importante* d'industriels, qui commence à peine chez nous, et qu'il est du plus haut intérêt pour le pays de voir se former, s'accroître et se développer.

J'irai droit au fond de la question, car, c'est de là surtout que le besoin d'encourager cette industrie ressort avec force, c'est de là surtout que jaillit claire et lumineuse la nécessité grande pour le pays de favoriser cette source féconde de richesses.

Au milieu de tout ce qui s'est dit dans les journaux à propos de cette question des sucres, on a effectivement parlé vaguement de l'*intérêt* de l'*agriculture*, et cela ne pouvait guère se passer différemment, car les betteraves viennent de la terre, et par les soins de l'homme qui cultive la terre. Mais on s'est beaucoup plus étendu, et sur les colonies, et sur le fisc, et le reste, que sur l'intérêt de l'agriculture qui est ici le principal, avant les colonies, avant le trésor, avant le sucre indigène lui-même, car l'agriculture est le fondement et la base nécessaire de toute industrie, de toute prospérité nationale, de tout *impôt*; car l'agriculture est l'agent indispensable de toute production; car l'agriculture est le *sine quâ non* de toute industrie. Hé bien! cette pauvre agriculture, dont on s'est si peu et si mal occupé jusqu'à ce jour* (oubli qui serait des plus criminels s'il n'était des plus aveugles), cette pauvre agriculture, traitée en Ilote au profit des industries techniques auxquelles on l'a toujours immolée, voilà qu'elle venait de saisir un moyen de salut, une voie de progrès incontestable et dont on peut commencer à apprécier les suites incalculables, à s'assimiler une industrie, une fabrication qui ne lui était pas hostile comme nous voyons qu'elles le sont presque

---

(*) En France les lois de douane ne chargent *l'importation* des matières propres à la fabrication (la plupart analogues à nos produits agricoles) que de 133 fr. par 1000 francs, tandis qu'elles chargent de 200 fr. par 1000 francs, l'importation des objets fabriqués dont elles permettent l'entrée.

La sortie de nos produits agricoles est chargée de *six fois* plus de droits proportionnellement que celles de nos produits manufacturés, bien que le sol paie la plus grande partie des impôts directs et que ses produits à eux seuls paient les octrois et les contributions indirectes.

Les tissus, objets de nos fabrications qui occupent le plus de machines, forment à eux seuls plus de *moitié de nos exportations* et ne forment guère que le 30e *de nos importations*.

Tandis que nos produits agricoles que nous ne pouvons obtenir que par le travail réel de nos ouvriers, formaient, en 1831, plus de *moitié de nos importations* et ne forment que le 1/15 de nos exportations.

Le système entier de nos lois de douanes sacrifie notre *agriculture* aux progrès de nos fabriques, qui pourtant ne pourraient trouver de meilleurs encouragemens et débouchés que dans l'aisance des 2/3 du pays voués à la culture des terres.

Ces priviléges de l'industrie fabricante n'atteignent pas leur but, puisqu'ils enrichissent seulement quelques hauts spéculateurs au grand préjudice de la population ouvrière.

Ainsi qu'on peut le voir par ces tableaux où sont enregistrés les crimes, délits, enfans naturels abandonnés, qui démontrent *en faits* combien la population agricole est plus morale, plus paisible que la population ouvrière des villes. (Emprunté à M. Bigot de Morogues, Recherches sur les causes de la misère des peuples civilisés).

toutes, par la protection injuste dont elles sont l'objet. La chose était en bon train, marchait avec une incroyable vitesse, et si on ne l'entravait pas de nouveau, si on ne venait se jeter mal à propos au devant d'elle, nous courrions risque de voir notre agriculture se mettre au niveau de l'agriculture allemande et anglaise. Ce but que l'on n'osait ambitionner allait être atteint, n'étaient de fausses préoccupations et de déplorables calculs !

De tous ceux qui, dans la discussion sur la question des sucres, ont mis ces mots à la suite d'autres mots l'*intérêt* de l'*agriculture*, il en est peu qui savent que dans la plus grande partie de la France, pour ne pas dire dans toute la France, par la manière de cultiver aujourd'hui en vigueur, on laisse reposer les terres arables un certain temps après les avoir mises en rapport pendant quelques années.

En Bretagne, c'est généralement cinq ou six ans. Lorsque le fermier a fait valoir un champ pendant cet espace de temps, il le laisse, et va en cultiver un autre six ans durant et ainsi de suite. Dans les pays de culture plus avancée, dans l'Aisne, par exemple, un de nos départemens les plus agricoles, et qui touche au département du Nord, tous les trois ans la terre demeure sans être ensemencée, repose et est soumise à des labours improductifs. Ce système, aujourd'hui pratiqué dans presque toute la France, est le système des jachères, ou encore de l'assolement triennal. On sent tout d'abord combien un système semblable est défectueux, quelle perte immense il cause à la production, partant à l'État, au consommateur, et de quel haut intérêt il serait pour le pays de faire cesser un aussi déplorable mode de culture *qui frappe de stérilité, tous les ans, un tiers de nos terres arables, ou, ce qui est identique, toutes les terres de France une année sur trois.*

Pour arriver à ce résultat, il n'y a qu'un seul moyen

indiqué depuis long-temps par M. de Dombasle et autres, et mis en pratique par un très petit nombre d'agriculteurs à qui la chose est possible.

Ce moyen, c'est de substituer à la jachère, à l'assolement triennal la culture alterne qui consiste à faire succéder une récolte de *racines* à une récolte de grains, ou bien de plantes fourragères ou oléagineuses : et cette introduction d'une récolte de racines ne peut être remplacée par une récolte de blé ou de fourrages, lesquelles *épuisent le sol et le salissent, et rendent nécessaire la jachère labourée.* En semant des racines on obtient ces deux résultats, car elles n'épuisent pas à beaucoup près autant les terres, et ce *sont des cultures sarclées* ou nettoyantes.

Il y a ici une observation capitale et qui m'avait fui en écrivant, c'est qu'il n'y a pas un seul agronome en France qui ne gémisse de la routine et de la déplorable obstination avec laquelle on se tient toujours à la culture presque unique des céréales; c'est qu'il n'y a pas un homme s'occupant un peu des intérêts publics qui ne sache la gêne et le malaise considérable des campagnes en général, par suite du peu de valeur des grains, de l'encombrement dans cette production et de la détresse véritable de certaines localités, où le paysan ne paie son fermage qu'avec ses blés..... Eh bien? quel meilleur moyen de faire cesser cette détresse réelle, cette culture exclusive des céréales, tandis qu'on achète à l'étranger pour 30 ou 40 millions de bétail, quel moyen plus efficace que les racines !.....

Or, les deux racines privilégiées, les deux racines les plus avantageuses sont la pomme de terre, et l'on sait l'extension que cette culture inappréciable a prise, et enfin la betterave, qui commence si heureusement sa naturalisation sur notre sol.

A l'heure où je parle, il y a plus de six millions d'individus *qui vivent presqu'uniquement* de pommes de terre; à l'heure où je parle, il y a environ 15 à 18,000 hectares qui produisent de la betterave sur les 27 millions d'hectares ensemencés en France*.

Deux Objections de M. d'Argout.

* Un des argumens les plus formidables deM. d'Argout,pour sa loi, et dont on va juger le mérite est celui-ci : vous criez bien haut dit-il, à l'amélioration du sol, aux avantages immenses qui résulteraient pour l'agriculture de la culture de la betterave ! En vérité, vous êtes simples et n'avez pas la plus petite notion des choses de la terre. Savez-vous quel est le terrain quela betterave a conquis aujourd'hui? 1/1978me du sol cultivable, ou 45 centiares par communes! Mais j'admets que le sucre indigène s'empare complètement de la consommation; savez-vous quelle serait l'étendue de terre occupée par la betterave? 1/689me de la surface cultivable! Voilà donc votre magnifique recette pour donner à l'agriculture un essort gigantesque, voilà donc votre incomparable mobile du progrès agricole du pays. Allons, allons, mes bons amis, vous voulez rire avec votre sucre : régénérer la France, parce qu'une minime portion de son sol sera ensemencée en betteraves Non, quelque douce que soit la pilule, nous ne saurions l'avaler.... à d'autres. Si M. d'Argout s'était un peu embarrassé de savoir comment vient le pain qu'il mange, il n'aurait pu dire toutes ces belles choses, car il saurait que pour mettre cinq arpens en betteraves, il faut en avoir une quinzaine environ, attendu qu'on ne met pas coup sur coup des betteraves dans les mêmes terres et qu'on ne les fait revenir que tous les deux, trois ou même quatre ans selon les circonstances, donc que les bienfaits de cette culture ne s'étendent pas aux cinq arpens seulement, mais à tous les arpens ensemble, donc qu'au lieu de 48,000 hectares, soumis à la betterave, dans la supposition que le sucre indigène fournirait les 100 millions de kilogrammes consommés en France, ce serait au moins 144,000 hectares qu'il faudrait dire : de plus que si la consommation du sucre se triplait, se quintuplait (ce qui, Dieu aidant et nonobstant M. d'Argout, arrivera en son temps pour le grand profit de ceux qui aujourd'hui n'ont pas de sel à leur besoin), ce serait 720,000 hectares, enfin que si la France en vendait un peu à ses sœurs d'Europe, elle aurait bientôt plus d'un million d'hectares soumis à la betterave ou le 26me des terres arables de France.

Mais ce n'est pas pas là tout, M. d'Argout saurait encore autre chose, c'est que cette culture de la betterave, cette fabrication du sucre *donne des capitaux à l'agriculture* , qui en a tant besoin et

De ces deux racines d'un avantage incontestable sur toutes celles connues jusqu'à ce jour, l'une, la pomme de terre, a atteint à peu près le développement qu'elle était appelée à acquérir, ou, pour mieux dire, celui qu'elle de-

---

qui n'est principalement inférieure à l'agriculture anglaise, que parce qu'elle en manque; jamais capitaux n'auraient été mieux placés, pas même ceux que le budjet alloue à M. d'Argout; en effet cet argent serait tout entier consacré à la terre ; cet argent ce seraient des fumiers, des animaux et des bras, des instrumens aratoires perfectionnés, ce seraient des intelligences conquises à l'industrie-mère, nourrice aujourd'hui sans lait pour l'homme avide de bien-être, lequel court ailleurs. Il saurait enfin que toutes ces betteraves ou leurs résidus sont mangés par des bœufs et des moutons qui après avoir engraissé les champs, vont approvisionner nos boucheries et nos manufactures de draps, et que jusqu'à présent nous achetons de tout cela pour 60 millions et plus à nos voisins. Ce sont donc là des avantages très réels que le ministre n'a pas mis en compte, parce qu'il ne sait pas d'où vient le pain qu'il mange mais qui, nonobstant, sont d'une haute importance et dignes d'une sérieuse attention.

Encore une autre objection du ministre, laquelle, si elle n'est pas des plus fortes, comme il le pense, n'en est pas moins assez curieuse, c'est de dire : les fabriques de sucres n'iront pas se caser régulièrement dans chaque partie de la France comme dans un damier, elles se concentreront toutes là, où les conditions favorables sont réunies, où le combustible est à meilleur marché, où la terre est la plus propre à la betterave, et preuve frappante, c'est que sur 400 fabriques 261 sont groupées dans quatre départemens limitrophes.

M. d'Argout oublie que si en 1828 il n'y avait que 21 départemens qui eussent des fabriques de sucre indigène, ils en trouvent aujourd'hui 36, c'est donc 15 de plus en 8 ans.

Mais je voudrais bien que M. d'Argout nous dise si, dès qu'il fut en culotte et la première fois qu'il s'essaya à marcher sans lisières, il vint du premier saut à Paris se promener du ministère du commerce à la chambre des députés et *vice versâ*, ou s'il ne fit pas, tout ministre futur qu'il était, absolument comme l'industrie du sucre indigène ; s'il ne commença point par tourner d'abord autour de sa mère et de sa bonne, tout en tombant parfois, absolument comme l'industrie du sucre indigène qui vait avoir maintenant; l'autre, la betterave, est fort loin de compte, comme on le voit, mais à chaque instant gagnait du terrain avec une prodigieuse et inespérable rapidité!... Pourquoi faut-il que les colonies et le Trésor viennent à la traverse? Pourquoi faut-il que les colonies, nos esclaves, nuisent à la prospérité de terres qui nourrissent 33 millions d'hommes?

Pourquoi faut-il que le Trésor soit assez mal appris pour ne savoir s'emplir qu'en ruinant ceux qu'il tond, et ne sache prendre l'argent que là où il est de la plus haute importance, même dans son intérêt de tondeur, de l'y laisser?.... Pourquoi?.... Pourquoi?....

Ainsi donc, pour renouveler la face du pays, pour que la France sur 3 ans ne demeure pas une année infertile et en friche, pour que la culture alterne *puisse* détrôner la jachère, cette reine du dénuement et de la misère,

Il faut favoriser la culture des racines, il faut favoriser le cultivateur des racines!

Or, le plus énergique, le plus efficace de tous les moyens, c'est *la fabrication du sucre indigène.*

Mais ceux qui ont *vaguement parlé de l'intérêt de*

---

a fait tant de faux pas d'abord, puis n'agrandit pas petit à petit le cercle de ses excursions jusqu'à ce qu'enfin il sortit de sa chambre ou si l'on veut de son département : bientôt il ne mit plus de bornes à son activité, parcourut tout le voisinage et poussa jusqu'à Paris où nous le voyons, absolument encore comme le sucre indigène. Pourquoi donc lui faire un crime à cette pauvre industrie de ce qu'elle a procédé comme Monsieur le ministre. Il est parvenu à ses fins, lui; pourquoi n'y arriverait-elle pas à son tour? En vérité, c'est de l'injustice.

Et puis c'est que la betterave ne ressemble pas au mûrier, à l'olivier, à la vigne : la betterave vient partout, en Provence, en Bretagne, en Bourgogne, en Alsace ; on peut faire du sucre dans toutes ces régions si différentes, mais non de la soie, du vin, ou quel vin! En vérité, M d'Argout, c'est bien différent.

l'agriculture, savent-ils quel sera l'effet immédiat, le premier résultat de ce changement de culture? Ont-ils calculé tout ce que rapporterait une récolte de racines tous les trois ans sur presque toutes les terres cultivées de France? et le bénéfice immense, l'accroissement de bien-être et de consommation qui en allait provenir? et la nature de ce bénéfice? et la manière dont il entrerait dans la masse de la production?

L'emploi de cette quantité de racines n'est pas douteux, il serait tout entier consacré à l'engraissement et à la nourriture du bétail.

Et ici je me hâte d'ajouter une observation, car on ne saurait trop prévenir toute objection : c'est souvent la plus sotte qui, faute d'être comprise, détermine un homme.

Je dis donc que ces racines seraient forcément employées à l'éducation du bétail, qu'elles fussent entières ou qu'elles fussent en *pulpe*, c'est-à-dire, ayant servi à la fabrication du sucre.

Quel paradoxe! La racine écrasée et privée de jus être aussi nutritive que la betterave intacte.

Ce n'est point un paradoxe, mais une vérité vraie, comme dirait Figaro et qui bientôt sera claire pour tout le monde.

La betterave contient 85 parties d'eau sur 100, 9 1/2 de sucre, 3 de ligneux et 2 1/2 d'autres matières variables, telles qu'albumine, acide pectique, etc... Le fruit déchiré à la rape est soumis à une haute pression : on comprend que la matière qui s'extrait le plus complètement et le plus facilement doive être l'eau, que la plus tenace au contraire soit le sucre, et que l'on puisse valablement conclure que toute l'eau a quitté la pulpe, le sucre point. Or, donnez à un bœuf 9 parties 1/2 de sucre dans 85 parties d'eau, une betterave entière; à un autre, 1 partie ou seulement 1/2 partie de sucre qui sera demeurée avec le ligneux et quelques atômes d'eau, c'est-à-dire la pulpe, le résidu de la fabrication ; maintenant supposez qu'on leur en donne à chacun une suffisante quantité, lequel, à votre avis, aura l'estomac alimenté le plus substantiellement ? De celui qui aura la panse pleine d'un mélange liquide dans la proportion d'1[10 de sucre p. 9[10 d'eau ou de l'autre.

La chose me paraît démontrée.

Je dis donc que toute cette masse de racines aura pour effet immédiat l'éducation et l'engraissement du bétail ; et c'est là le point vulnérable de notre agriculture, c'est là la plaie, c'est surtout sous ce rapport que nous sommes fort loin des Allemands et des Anglais. Or, point de bétail, point d'engrais ; point d'engrais, point ou peu de récoltes. Ceci est de logique rigoureuse.

Et on sait ou on ne sait pas, mais il est vrai que la France reçoit annuellement de l'étranger 40,000 bœufs, 250,000 moutons et 25,000 chevaux. Qui n'a vu se diriger sur nos marchés ces bœufs énormes et ces immenses troupeaux de moutons que l'agriculture allemande nous envoie du fond de la Franconie, *malgré les droits considérables qui les frappent à l'entrée.*

Nous sommes donc loin de faire assez *de viande* pour alimenter nos marchés de bétail, et cependant il s'en faut que tout le monde mange de la viande !

De plus, la production des laines indigènes est inférieure aux besoins annuels de la fabrication de 6 millions de kilogrammes que l'étranger nous fournit, malgré *un droit prohibitif de* 33 *p.* 0[0.

Ce sont donc 50 ou 60 millions et davantage, en bel argent, qui sortent chaque année de France pour échange contre ce bétail, contre ces laines.

Ce sont donc 50 ou 60 millions, tout autant que la France pourrait gagner, si son agriculture, laissant la jachère ruineuse pour la culture alterne, se mettait à même d'élever du bétail : bientôt il y aurait de la viande, et des habits pour presque tout le monde.

Évidemment, il y aurait pour le pays accroissement de bien-être, évidemment, la source de ses richesses réelles serait fécondée, évidemment, il serait affranchi du lourd tribut qu'il paie à l'étranger, c'est tout profit.

Ouais ! Et le fisc auquel je ne songeais pas, le fisc qui perçoit des sommes énormes sur les 40,000 bœufs, les 250,000 moutons ; le fisc qui perçoit 33 p. 0[0 sur les 6 millions de kilogrammes de laines, le voilà ruiné! le voilà dépouillé ! le voilà volé ! pillé ! saccagé sans ressource! Toutes les branches du revenu public sont coupées, toutes les recettes sont anéanties ! *Plus de budget possible !*

L'État est perdu!

L'État est perdu, mais la France est incontestablement enrichie.

Ah ! vous croyez cela ; quel pauvre ministre vous feriez, quel pitoyable homme d'État ! Oui, en apparence, les choses sont bien comme vous dites, mais au fond le fisc est ruiné, l'État est perdu et la France est plus pauvre ; rien n'est plus vrai.

O trois et quatre fois malencontreuse industrie du sucre indigène ! O mille fois perfide et traîtresse ! Tu te présentes comme répandant l'abondance, et c'est la misère que tu apportes! O effrontée et impudente, tu te vantes d'accroître les richesses nationales, et tu commences par mettre à sec le Trésor public, le fisc! Ce n'est pas seulement une source du revenu public que tu dessèches et taris, ce sont toutes les branches que tu attaques à la fois. D'abord, ça été le rendement des prohibitions sur les sucres coloniaux, maintenant ce sont les droits perçus sur le bétail et les laines que tu menaces, plus tard ce sera un autre revenu.... Mais vit-on jamais une voleuse aussi éhontée : Sus, sus, à la pillarde, qu'elle soit mise au banc de toutes les industries.

O industrie du sucre indigène, n'avais-je donc pas raison de te dire malencontreuse; tu ne peux vivre qu'en détruisant les sources de la richesse nationale; plus tu grandis, plus tu deviens nuisible.

Ah! si tu étais comme les industries qui exploitent les mines de fer et de houille, c'est alors que tu ferais la prospérité du pays et que tu mériterais ses bénédictions. Voilà d'honnêtes industries ; il n'est pas à craindre que celles-là fassent jamais diminuer les droits établis sur le fer et la houille de l'étranger, que jamais le trésor, le fisc, soit dévasté par elles comme par toi; au contraire, elles feraient plutôt augmenter ses ressources en s'arrangeant si bien pour cela que les étrangers soient obligés de nous en porter beaucoup, beaucoup et toujours davantage! Ah! voilà de belles, d'honnêtes industries, point pillardes, spoliatrices comme toi, infâme fabrication du sucre indigène!

En vérité, je demeure confondu; je ne m'étais jamais douté de ces choses là; il faut pourtant que cela soit vrai, puisqu'on le dit et qu'on agit comme si c'était vrai. Pauvre malheureuse terre de France, te voilà donc condamnée à la mort ou à la misère, ce qui est tout un; tu ne peux donc faire un mouvement, un effort généreux et béni du ciel sans qu'on le comprime aussitôt; tu as beau t'ingénier, travailler et suer pour sortir de la pénurie, c'est en vain; tu es liée, garottée, enlacée, enchaînée de toutes parts par un monstre difforme et inconnu, un sphinx que personne ne devine, que personne ne comprend et qui te dévore et te couvre de plaies; ce sphinx, c'est le fisc! le trésor public!

Ils ne savent comment suffire à sa faim, et sont pris d'une telle crainte de le voir la gueule béante, qu'ils coupent les arbres par la racine, qu'ils arrachent la semence avant qu'elle soit développée, la plante avant qu'elle soit mûre.

Ils ne savent que faire, ils ne savent ce qu'ils font; moi, je le sais, ils détruisent, ils étouffent, ils sèment la misère et recueilleront selon ce qu'ils auront semé, la misère!...

Monsieur, tout ce que vous dites là est fort bien dit et fort juste; nous en sentons la vérité aussi bien que vous, mais enseignez-nous un moyen de combler le déficit du trésor?

Quoi! s'il vous survenait un prince à doter, des dettes énormes à payer, une apparence ou seulement une crainte de guerre, la plus petite ou la fantaisie de faire une démonstration maritime pour une collision impossible, s'il vous survenait un emprunt à ouvrir pour obliger un roi de vos amis, vous sauriez où trouver de l'argent; à peine si vous parleriez de votre embarras, il n'en serait point question et maintenant qu'il s'agit d'une mesure qui aura d'incalculables effets sur la prospérité du pays; maintenant qu'il s'agit de retarder les progrès agricoles de la France de cinquante ans ou de les avancer d'autant; maintenant qu'il s'agit d'enrichir la nation que vous êtes chargé de régir, de soixante-millions qu'elle paie chaque année pour des produits qu'elle pourrait donner elle-même avant dix ans, certes; vous hésitez, vous êtes embarrassés, vous ne savez plus où donner de la tête, il n'y a plus de budjet! Il est attaqué dans sa source et l'état est perdu!..

Mais arrière donc, hommes faibles et sans force, arrière donc, hommes incapables! laissez à d'autres ce timon que vous n'êtes pas assez habiles pour diriger!

Puis! allez consulter les savans qui vous disent: dans quelques années la livre de sucre indigène sera à six sous, aujourd'hui on l'obtient à huit et neuf; c'est là le prix moyen du revient actuel. Comme si ce prix ne variait pas à l'infini, comme s'il n'était pas différent non seulement selon les provinces, les départemens, mais même selon chaque usine : il n'est pas deux fabricans pour qui il soit semblable et je sais trois établissemens de sucre indigène qui ont succombé en Bretagne.

Ce ne sont pas les savans qu'il faut consulter pour savoir à combien peut revenir la livre de sucre, c'est vous-même; c'est vous qui devez réfléchir et méditer, c'est vous qui, si vous êtes hommes d'état, devez voir l'effet général de la mesure à prendre, en juger avec sagacité et profondeur toute la portée et connaître quels fruits elle portera dans l'avenir.

Ce n'est point devant quelques sous que votre pensée d'homme d'état doit s'ébahir et s'arrêter ; je veux bien qu'il y en ait un de trop là ; mais ce petit sou placé ainsi vaut de l'or.

Vous devriez le savoir, et vous ne devriez pas oublier non plus que lorsqu'on veut défricher une forêt, féconder un terrain, on dit au colon : Tiens, voilà des terres, travaille-les; elles seront franches et quittes d'impôts pendant vingt ans.

C'est ainsi que l'on pousse au travail, c'est ainsi que l'on détruit la misère, c'est ainsi qu'en usent les hommes d'intelligence qui se sont montrés à la tête des peuples et ont mérité la reconnaissance de la postérité dont ils avaient préparé le bien-être.

Maintenant que l'on veuille bien se rappeler mon dilemme :

Ou les colonies demeureront colonies, c'est à dire ce que sont des colonies, *esclaves*, ou elles seront *libres* et considérées comme les autres nations étrangères : alors dans cette hypothèse-ci, il est simple qu'on leur applique le système prohibitif comme aux autres et je demande que, puisqu'on le laisse subsister pour le fer et la houille, on le maintienne pour le sucre indigène, *à titre d'industrie nationale ayant naturellement vie dans le pays et éminemment utile au plus grand nombre.*

Dans le cas où elles demeureraient colonies, et en vérité on n'en voit pas trop la nécessité, car il est très-bien prouvé dans les articles qu'a publiés le *Journal des Débats* (1), qu'on n'accusera pas de légéreté, que le pacte colonial rompu, ce serait pour la France: « un » immense embarras de moins en cas de nouvelles bases » à donner aux lois commerciales à établir avec les » grands peuples commerçans, si elle n'était plus te- » nue de réserver un marché privilégié pour quatre ou » cinq petits établissemens coloniaux.

» La France ne peut pas être plus embarrassée que » ses colonies pour trouver avec qui traiter après la » rupture de ce *pacte inégal qu'elle observait avec une* » *religieuse fidélité*. »

Il résulte fort clairement de cette série d'articles sur la question qui nous occupe que le *Journal des Débats* ne voit, ce qui est très vrai, aucun inconvénient à l'affranchissement des colonies. Ce n'est point l'intérêt de notre navigation; car, comme il l'observe fort bien, « *elle n'est pas absolument dépendante de l'existence* » *des colonies* » ni celui de notre politique; car, comme il le dit et comme l'histoire le confirme « *nos colonies* » *sont libres d'être françaises pendant la paix.* »

La seule qui se soit défendue est l'île Maurice, aujourd'hui à l'Angleterre.

Ce n'est point non plus l'intérêt de *l'agriculture*, ni celui de la France qui supporte le joug d'un contrat *inégal* et *onéreux*, la seule chose qui l'arrête c'est « pour » que dans un intérêt d'humanité la France *ne retire pas* » *des colonies sa main prudente et forte* ».

---

(1) Février 1836.

Est-ce là une raison? et la France, dans le cas de rupture de ce pacte colonial mauvais et pour la métropole et pour les colonies, ne conserverait-elle pas toujours une haute influence dirigeante et même le gouvernement de fait, au grand contentement des colons? Et alors peu à peu les choses se remettraient d'elles-mêmes.

En général, ces articles sont fort bien, selon moi et j'en loue le sens, hors cet empêchement dont je viens de parler et qui réellement n'en est pas un, et la conclusion qui se formule de cette façon en faveur du lion dévorant, le fisc.

» Ce qui est nécessaire et suffisant, c'est qu'un avertis-
» sement soit donné à l'industrie indigène par l'impôt,
» c'est qu'un temps d'arrêt soit marqué dans sa marche
» étonnamment progressive et qui peut avoir l'apparence
» d'un entraînement un peu factice, tant qu'elle n'aura
» pas soutenu le poids d'une taxe. »

O douze et quinze mille fois spirituel journaliste qui as écrit ces lignes! ainsi donc il faut imposer la fabrication du sucre indigène, non pas qu'elle soit nuisible aux consommateurs, non pas que ce soit une industrie factice, sans racines dans le sol, non parce qu'elle pourrait diminuer la somme des richesses du pays, mais parce qu'elle *peut avoir l'apparence d'un entraînement un peu factice*. O douze et quinze mille fois spirituel journaliste! Mais il fallait arriver à dire « *tant qu'elle n'aura pas soutenu le poids d'une taxe*, » et il y est arrivé ma foi! de la manière que vous avez vu, et en oubliant probablement que quelque peu plus haut il écrivait, parlant de la fabrication du sucre indigène:
« industrie qui s'est fiée à son immunité primitive et
» qui a reçu de beaux et solides accroissemens sous
» l'influence de ce régime, où elle ne s'est pas endor-
» mie, comme bien d'autres.

Maintenant voici qu'il la punit de ne s'être pas endormie et la taxe à *cause de son entraînement*, je ne puis que dire: O douze et quinze mille fois spirituel journaliste! tu mérites une couronne, mais tu ne devrais pas parler de ces choses là.

Dans le cas où les colonies demeureraient *colonies*; eh bien! il faut en user avec elles comme on le fait avec des *colonies*: toujours est il qu'on ne peut pas immoler la prospérité de 33,000,000 d'hommes à enrichir plus ou moins quelques colons.

C'est bien cependant ce que veut M. Mauguin dont le manifeste se résume ainsi:

1° Liberté d'exporter directement leurs denrées à l'étranger.

2° Celle de s'y pourvoir de marchandises qui leur sont nécessaires.

3° L'autorisation d'exporter par tout pavillon, la navigation française étant trop chère pour pouvoir soutenir la concurrence de la navigation étrangère.

Telle est au surplus leur situation, porte l'exposé, qu'elles sont obligées, sous peine de ruine, de provoquer une décision prompte et définitive; une mesure incomplète, un impôt timide établi sur le sucre indigène prolongerait le mal au lieu de le guérir. Un parti décisif est nécessaire; il l'est non seulement dans l'intérêt des colonies, mais encore dans celui du trésor, et même dans celui de la fabrication métropolitaine, où il ne faut pas laisser s'engager trop de capitaux, si l'on n'est pas disposé à lui faire toute espèce de sacrifices.

(Rapporté par le *National*, janvier 1836).

Point d'impôts timides... un parti décisif est nécessaire... c'est parler cela, et on ne pourrait mieux quand on aurait vingt mille francs pour sa peine; mais moi qui n'aurai pas seulement une pelote de sucre pour tout ceci, je ne puis partager les idées du président du conseil des colonies.

En effet quel moyen d'obtempérer à l'*ultima ratio*

des colonies ? Quel avantage en résulterait-il pour le trésor ? pour les consommateurs, le grand nombre ?

Est-ce pour donner le sucre à meilleur compte qu'elles se disent dans une détresse si grande ? On ne le peut pas croire ; il faut au contraire qu'elles en élèvent le prix.

Mais quel était donc son but au trésor ? de tâcher de rentrer dans ses recettes ; nous ne voyons pas qu'il y arrive de cette façon, et ce n'est pas en prendre le chemin que d'écouter les colonies qui se déclarent impuissantes et ruinées si elles donnent le sucre au taux où il est aujourd'hui, le droit prohibitif étant maintenu.

Ainsi de toute manière il faut que les consommateurs paient plus cher ou que le trésor perçoive moins ; ce qui est sensiblement une seule et même chose, car c'est toujours le pays, la France qui paie, que cela soit pris sur les sucres, ou sur le sel, ou sur une autre branche du revenu public.

En résumé, c'est donc que les colonies trouvent que la mère patrie ne leur achète pas leur sucre ce qu'il vaut et qu'il faut absolument qu'elle paie plus cher, sinon non (1).

On serait tenté de leur répondre à ces enfans mutins et indociles : gare le fouet ! ou bien, vous faites la mauvaise tête, eh bien ! allez vous promener si faire se peut ; arrangez-vous comme vous pourrez, je ne m'occupe plus de vous.

---

(1) On sait en effet que jamais les colonies n'ont exporté en France plus de sucre qu'en 1835 et que les droits que le Fisc a perçus ont été, comme dans les meilleures années, de 31 millions. Le Fisc n'a donc en réalité rien perdu, seulement il se plaint que le sucre indigène ne lui ait rien payé : de nature gourmande, il voudrait manger partout. Les colonies, elles, veulent que la métropole paie plus cher. C'est là le débat.

Ordinairement les colonies reçoivent la loi des métropoles et ne sont établies que dans ce seul intérêt, et voici que les nôtres veulent qu'on opprime la mère-patrie en leur faveur ; *la chose est par trop forte.*

On le voit, je ne prends ici qu'un point de la question, un seul; c'est que je suis du nombre de ceux qui pensent qu'il se rencontre quelquefois dans une mesure un intérêt qui domine de si haut tous les autres qu'il les annulle et les réduit à rien; c'est que je pense que dans cette circonstance il y aurait impéritie et manque de génie politique à s'arrêter à une gêne momentanée du trésor, à la question usée des colonies, aux profits plus ou moins grands de quelques blancs ; toutes considérations qui se font petites et s'anéantissent devant l'immense intérêt de la France et la prospérité de trente-trois millions d'hommes aujourd'hui peut-être la partie la plus vivante de l'humanité.

Si l'on croyait que ceci est écrit en faveur des fabricans de sucre indigène, vraiment on se tromperait étrangement. L'auteur vise plus haut.

PROJET DE LOI.

« Art. 1er. A partir du premier août prochain, il sera perçu par la régie des contributions indirectes sur les sucres extraits de la betterave ou de tout autres substances un droit fixé au principal à 14 fr. par 100 kil. de sucre brut autre que blanc, plus le décime par franc auxquels sont soumises les autres taxes indirectes.

» Art. 2. Toute personne qui voudra se livrer à la fabrication du sucre indigène en fera la déclaration au bureau de la régie, et désignera le lieu où sera situé son établissement, ainsi que les ateliers et magasins dont il sera composé. La déclaration sera faite avant le 1er juillet prochain pour les fabriques qui existeront à cette époque, et un mois avant la mise en activité pour celles qui seront établies plus tard.

» Art. 3. Les ateliers et magasins déclarés ne pourront avoir qu'une entrée; les fabricans seront tenus de faire murer et fermer toute autre issue ainsi que toutes communications avec les maisons et propriétés voisines.

» Art. 4. Ils seront tenus également de disposer à l'entrée de leur établissement un bureau pour recevoir les employés qui seront chargés de le surveiller, et en outre de rembourser à la régie les frais de cette surveillance, lesquels seront réglés à 2,000 fr. par an pour les fabriques dont le produit en sucre ne devra pas excéder 100,000 kil. ; à 2,500 fr. pour celles qui devront produire 200,000 kil., et à 3,000 fr. pour celles dont les produits devront être supérieurs à cette dernière quantité.

» Ladite indemnité, payable par trimestre et d'avance, sera due pour l'année entière; nonobstant l'interruption de travail d'une récolte à l'autre, si les produits de l'année placent la fabrique dans une classe supérieure à celle sur laquelle l'indemnité aura été réglée, le fabricant sera tenu de payer la différence.

» Art. 5. Les fabricans ne pourront faire entrer les betteraves dans leur établissemement qu'après que le poids en aura été reconnu par les employés.

» Ils fourniront les poids, les balances et les ouvriers nécessaires pour cette vérification. Les quantités de betteraves, dont l'introduction aura été ainsi constatée contradictoirement, formeront charge au compte du fabricant, à raison de 5 kil. de sucre brut autre que le blanc, par 100 kil. de betteraves.

» Art. 6. Les fabricans ne pourront faire sortir de leurs établissemens, aucune quantité de sucre, qu'elle n'ait été pesée en présence des employés, et qu'après acquittement du droit au bureau de la régie. En cas de sortie de sucre de qualité supérieure, les quantités seront accrues par la prescription du droit dans la proportion snivante :

» Pour le sucre blanc, 15 pour °/₀ en sus;

» Pour le sucre terré de toutes nuances, 20 pour °/₀ en sus;

» Pour le sucre raffiné, 25 pour °/₀ en sus.

» Lorsque la somme à payer par le fabricant excédera 600 fr., il pourra se libérer en obligations dûment cautionnées à quatre mois d'échéance.

» Art. 7. Il est interdit aux fabricans de faire sortir de leurs établissemens des jus ou sirops, quel qu'en soit le degré de concentration, sans le consentement de la régie, et, dans ce cas, qu'après acquittement du droit dans la proportion du rendement qui serait convenu de gré à gré avec la direction.

» Il est généralement interdit de faire sortir des mélasses qui seraient encore chargées de sucres cristallisables : à cet effet, toutes les mélasses qui seraient enlevées des fabriques seront vérifiées par les employés.

» Art. 8. En cas de contestation sur la quantité des sucres ou des mélasses, il sera statué par les experts institués par l'art. 19 de la loi du 17 juillet 1832, pour prononcer sur les doutes et difficultés de cette nature qui s'élèvent en matière de douanes.

Si dans cette trahison des intérêts de la France, dans cet oubli de tout principe d'économie politique, dans ce sacrifice d'une source incalculable de bien-être pour le pays, offert en holocauste aux colonies, à quelques milliers de blancs, on doit se féliciter de quelque chose, c'est de la monstruosité même du projet de loi, monstruosité tellement effrayante et dépassant les limites de l'absurde que les plus fanatiques partisans de l'intérêt colonial n'oseront pas le défendre. Oui, je défie le plus intrépide défenseur des colonies, je le défie de se montrer assez hardi, d'abdiquer, de fouler aux pieds d'une façon assez grossière ses insignes de fils de France, de dépouiller assez franchement toute pudeur et toute raison pour venir à la tribune nationale appuyer cette monstrueuse (car on ne saurait la qualifier différemment) cette monstrueuse violation des intérêts de la patrie.

S'il est quelque chose de comparable à la monstruosité de ce projet, c'est la manière inique et infâme dont on prétendrait le mettre à exécution, laquelle heureusement est tellement folle et insensée qu'elle est impraticable.

Je ne sache pas que jamais gouvernement quel qu'il fût, qu'aucun despote, pacha ou autre, ait prescrit un luxe de vexations, d'avanies semblables à celui dont on fait à ce projet un digne cortège :

Vous bâtirez un bureau pour recevoir les employés de la Régie,

Vous leur donnerez au moins 2000,

Vous n'aurez qu'une porte sur votre usine,

Vous entourerez votre usines de fortes murailles,

Vous ferez examiner vos racines sur champ,

Vous les ferez peser à leur entrée,

Vous ferez peser votre sucre,

Vous ne fabriquerez pas de sirops concentrés à quelque degré que ce soit, ou ne les ferez sortir sans qu'au préalable l'employé n'ait déterminé la quantité du sucre qui peut s'y trouver;

Les fabricans fourniront les poids, les balances et les ouvriers nécessaires pour cette vérification;

Il leur est interdit de faire sortir des mélasses contenant encore du sucre cristallisable sans examen; s'il y a contestation, il y sera statué, au dire d'experts, conformément à la loi du 17 juillet 1832.

Enfin, vous paierez 3 p. 0[0 sur les valeurs des objets de votre industrie, puis tout ce que vous gagnerez en sus sera pour vous.

Je ne doute pas qu'à Stamboul, le divan ne craignît de mécontenter un peu trop les esclaves de sa hautesse par une semblable loi, et ne cherchât le moyen de donner moins de prise à l'ire probable des enfans de Mahomet; en France.......... que fera-t-on ? s'il est encore quelque chose qui puisse marcher de pair avec ce projet, ce sont les inexcusables erreurs de M. d'Argout; car cet homme n'a pas craint de dire en propres termes dans son exposé des motifs : « *Les progrès de » l'industrie du sucre indigène menacent la prospérité » de notre agriculture* ». Il en atteste M. de Dombasle. Vous demeurez stupéfait, voici comment : les procédés de fabrication s'améliorent, il est des terres plus particulièrement propres à la betterave donc, conclut le ministre, la fabrication se concentrera bientôt dans les mains de quelques capitalistes, là où le terrain sera le plus favorable à la betterave. O profondeur de la science économique du ministre des finances ! je t'atteste à mon tour et te prie de considérer que : « la fabrication du » sucre indigène semble depuis peu tendre à s'organiser » en petits ateliers. Il paraît que, dans les départemens » du nord, les petits cultivateurs se sont mis à extraire » du sucre chez eux *au moyen de quelques ustensiles*

» *très peu coûteux avec l'aide de leurs familles, qu'ils y* » *consacrent les momens dont l'agriculture n'exige point* » *l'emploi,* et qu'ils compensent ainsi le désavantage de » leurs appareils nécessairement grossiers par rapport » à ceux des grands ateliers. Nous sommes prêts à ad- » mettre que les résultats de cette industrie de détail ne » sont pas encore tellement positifs qu'il faille considé- » rer la fabrication en petit du sucre indigène comme » définitivement organisée. *Mais nous pensons qu'il y* » *a lieu d'espérer qu'elle le serait dans peu* (*Journal des Débats*, 5 *avril*). Je t'atteste et te demande si ce ne serait pas ta loi, *laquelle rend impossible tout établissement qui ne serait pas fondé sur la plus vaste échelle* (*Débats*), qui opérerait cette concentration dont tu parles; je te demande si jamais le perfectionnement des moyens employés par les grandes fabriques pourra venir à ce point de produire à meilleur compte que les momens perdus de la famille du petit agriculteur, ce travail opéré l'hiver, et qui met en son pouvoir une substance alimentaire très précieuse, qu'il consommera (et où serait le mal, que le producteur produisît un peu pour lui ?) ou échangera, s'il y a avantage, contre d'autres objets nécessaires à son bien-être. Enfin de considérer encore que l'industrie du sucre indigène concentrée en 1828 dans 21 départemens, en occupe aujourd'hui 36 : c'est 15 départemens de plus en 8 années.

Mais il s'inquiète bien de cela notre ministre : ce sont les colonies qui l'occupent, c'est là où est toute sa sollicitude.

Cet homme dit encore qu'aujourd'hui le rendement de la betterave en sucre s'élève à 6 et 7 0/0 et que bientôt peut-être il ira à 10. Et moi j'atteste que sur les 400 fabriques aujourd'hui existantes, il n'y en a pas 20 qui obtiennent réellement 6 0/0 ; j'exagère probablement et en compte plus qu'il ne s'en trouve, j'atteste que les autres, le grand nombre, n'obtiennent pas toujours 5 0/0.

Mais c'est égal ; M. d'Argout est un grand ministre. Ah! vous avez été vaincu, M. Mauguin, le jour mémorable, où ce grand économiste a lu *sans peur et sans reproche* ce magnifique projet à la France attentive! qu'est-ce que vos doléances, votre exposé plaintif, vos paroles froides auprès de ces fortes murailles, de cette unique porte, de ces garnisaires à 2,000 fr. d'appointemens, de ce pesage, mesurage, de ces 15 f. décime en sus pour le sucre brut, de ces 20 % de surplus pour le terré, de ces 25 % pour les raffinés ? qu'est-ce que vos froids raisonnemens auprès de ces admirables chaînes de la fiscalité, qu'est-ce que vos phrases auprès de ces fers, répondez ? Vous avez été vaincu, M. Mauguin; ce n'est pas vous que les colonies prendront maintenant pour président de leur conseil séant à Paris; en vérité, le ministre vous laisse bien loin derrière lui. Vous avez été vaincu ; à lui les armes et les dépouilles opimes.

Ah! que ces journaux du 5 avril vont faire tressaillir d'aise les 60 à 80 mille blancs qui peuplent nos colonies et font bien à eux seuls a peu près autant que le quart d'un des 86 départemens de France. Ah ! que par de-là les mers, votre nom va devenir cher et précieux, M. d'Argout! que vous allez être un grand homme à la Martinique et à la Guadeloupe!

Que votre nom va être béni par Marie-Galande et Bourbon..... mais la métropole, les trente-trois millions d'habitans dont vous êtes le ministre, qui vous donnent 80,000 francs pour vous occuper de leurs intérêts; la France..... elle a répondu par les murmures et les cris d'indignation mal étouffés de ses mandataires.

Soyez colon, M. d'Argout, mais ne conservez pas plus long-temps le titre de ministre de France.

UNE DERNIÈRE OBSERVATION.

De deux chose l'une : ou la loi sur les sucres tuera l'industrie métropolitaine, ou elle la laissera vivre. Si elle la tue, les colonies vivront, je ne dis pas prospéreront, car il est impossible qu'une *colonie* soit jamais dans un état de prospérité durable; mais elles vivront, elles fourniront le sucre à la consommation de la France et le feront payer ce qu'elles voudront. Si la loi ne tue point l'industrie métropolitaine, si le gouvernement du pays ne sacrifie point les 400 fabriques de sucre indigène, les intérêts des travailleurs qu'elles emploient, cette espérance si belle et qui se réalisait déjà de voir le petit cultivateur accroître son bien-être, entrer dans un meilleur système de culture et surtout cette immense révolution agricole qui doit détrôner la jachère et fertiliser une année sur trois toutes les terres arables de France; si tout cela n'était pas offert comme une magnifique hécatombe à nos 80, 000 colons : si, après avoir détruit les existences qui s'appuient sur cette industrie si vivace, on *n'enlève à tout jamais* la possibilité de faire quelque gain sur ce genre de fabrication en l'associant à la culture des terres, il arrivera infailliblement que, dans un temps donné, (que la loi pourra reculer mais non éloigner pour toujours) il arrivera, dis-je, que le sucre indigène envahira indubitablement le marché français et en chassera complètement le sucre des colonies.

Il est donc évident qu'à moins de frapper de mort l'industrie métropolitaine, d'anéantir d'un coup toute cette belle et fertile moisson de bien-être, grosse encore d'espérances, que les colonies succomberont et que ce n'est que *reculer* la question sans la *résoudre*.

Ce fait ne crie-t-il pas assez haut ; que *le temps des*

colonies est venu; cet avertissement est assez clair; aujourd'hui c'est une question d'économie politique, demain c'en sera une autre plus grave encore.

Pourquoi donc s'obstiner à bâtir un système politique, commercial et financier sur les colonies? N'est-il pas pitoyable que nos hommes d'état en soient encore à baser la position politique de la France sur trois ou quatre ilots, lesquels ont été à nos ennemis deux mois après l'ouverture de toute guerre maritime? N'est-il pas pitoyable que nos hommes d'état en soient encore à fonder notre système commercial et financier sur les opérations qui se font avec ces quelques ilots? N'est-il pas déplorable que l'on crie à la ruine de notre navigation, à l'extinction de notre commerce maritime, parce que lesdits ilots ne nous appartiendraient plus? Comme si le chômage de nos navires en dépendait; comme si, parce que la France n'avait plus de colonies, elle se résignerait tout à coup à se passer des productions des tropiques qui sont devenues des besoins pour elle; comme si elle manquerait de comptoirs où on pourrait les acheter et de marchés aussi favorables qu'aujourd'hui!

Non, en vérité, on n'ose s'avouer que ce soient là les hautes considérations qui préoccupent nos hommes d'état; car là est toute la question. La France et les colonies se tiennent debout devant eux et leur disent: Décidez entre nous; et comme à leurs yeux il n'y a plus de stabilité ni de commerce pour la France sans les colonies, ils les veulent maintenir à tout prix!

O le bon sens! chose rare, disait Paul-Louis, et ce n'était point à tort; le bon sens! le bon sens!...

Ayons pour ministre, non pas un Anglais, un Cosaque, un colon de la Martinique, ou son représentant, mais un homme du pays et de quelque peu de sens.

Où est-il? que je lui donne ma voix tout sur le champ,

car il comprendra que : *le temps des colonies est venu*, et ne nous sacrifiera pas pour prolonger leur existence.

Quelques personnes trouveront peut-être que j'ai traité M. d'Argout un peu lestement et en petit garçon; en vérité, c'est qu'il s'est montré tel, économico-politiquement parlant. Du reste, je ne lui veux aucun mal ni à lui, ni à M. Mauguin, ni à qui que ce soit, mais à leur opinion beaucoup. Dieu les garde et tienne en joie, mais fasse périr leurs funestes idées !

Je le déclare donc, je ne fais pas la guerre aux personnes, mais aux idées; si j'ai adopté cette forme un peu vive, c'est pour donner plus de couleur et de relief à mes paroles.

NOTES.

La métropole, pour assurer aux produits de son sol et de son industrie les débouchés que procure la consommation de la colonie, lui interdit ordinairement la faculté d'acheter des marchandises européennes ailleurs que chez elle. Ce qui donne aux marchands de la mère-patrie la faculté de vendre aux colons, leurs marchandises un peu plus qu'elles ne valent. C'est un bénéfice acquis par les sujets de la métropole aux dépens des colons qui sont aussi ses sujets. *La perte détruit le gain*. Cette gêne ne produit rien que des frais de douanes, d'administration qui accroissent les charges de la nation.

En même temps qu'on oblige les colons à se pourvoir chez les marchands de la métropole, on les oblige à ne pas vendre leurs denrées à d'autres négocians qu'à ceux de la métropole : ce qui donnant à ceux-ci un privilége et les débarrassant des concurrens étrangers, leur procure un surcroît de bénéfice qui n'est point une valeur produite et qui est payée par les colons. *La perte détruit le gain*. Ce qu'un négociant de Bordeaux a gagné par ce moyen est bien gagné, mais on l'a fait perdre à un autre sujet ou à plusieurs sujets du même état qui avaient tous les mêmes droits à la bienveillance de l'administration.

Il est vrai que les colons sont dédommagés par d'autres moyens, mais ces dédommagemens sont, ou des malheurs pour la classe des esclaves, ainsi que nous l'avons vu, ou des malheurs pour les habitans de la métropole, comme nous l'allons voir.

En effet, on oblige ceux-ci (car tout ce système ne marche qu'escorté de gêne, d'entraves, de priviléges) à se pourvoir des denrées coloniales dans leurs colonies, et l'on interdit à toute colonie étrangère la faculté d'apporter dans nos ports toute espèce de denrée coloniale, quoiqu'il y ait d'autres vastes et fertiles contrées beaucoup plus rapprochées, où les frais de production sont excessivement modiques, et qui pourraient nous fournir ces précieuses marchandises pour le tiers, peut-être pour le quart, de ce que nous les payons *en temps de paix*.

Il semblerait que le consommateur de la métropole devrait au moins, en vertu du privilége que son pays a exclusivement d'acheter au colon, jouir d'une faveur notable sur les prix des denrées coloniales. Il ne jouit même pas de cette injustice, car les marchandises parvenues en Europe, les négocians européens peuvent les vendre à toutes les autres nations, notamment à celles qui n'ont pas de colonies, de sorte que le colon ne jouit pas de la concurrence des acheteurs, et que cependant le consommateur de la métropole en est victime...

Toutes ces pertes, supportées principalement par les consommateurs, se partagent en deux parties : l'une est absorbée par les frais de production que coûtent les denrées coloniales, l'autre sert à procurer des fortunes *aux planteurs des colonies et aux négocians qui trafiquent en denrées coloniales*. Ces richesses, *véritables contributions levées sur les peuples* et concentrées en un petit nombre de mains, frappent les yeux, et c'est ce que le vulgaire appelle *les riches produits des colonies* et du commerce colonial. Lorsque Poivre fut nommé intendant de l'Ile-de-France, cette colonie n'était fondée que depuis cinquante ans, et il se convainquit que sa conservation avait déjà coûté à la France soixante millions, continuait de lui occasionner de grandes dépenses et ne lui rapportait absolument rien (ils n'y comprenait pas l'entretien des forces militaires et maritimes). La perte que l'Angleterre a fait de ses colonies de l'Amérique septentrionale a été un gain pour elle, c'est un fait que je n'ai vu contester nulle part. Or, pour tenter de les conserver, elle a dépensé dix-huit cent millions. En rendant les colonies indépendantes, elle pouvait faire le même gain sans dépenser un sou.

(*Traité d'économie politique*) SAY.

Petite note bonne à lire pour les financiers qui crient à la ruine du trésor par la fabrication du sucre indigène.

Les recettes des impôts indirects dans le département du Nord ont été :

en 1831 de 6,338,666 fr.
1832 6,391,716
1833 7,067,705
1834 7,890,037
1835 de plus 8 de millions,

tandis que le département de l'Aisne, contigu à celui du Nord, couvert comme lui d'établissemens industriels, mais où la fabrication du sucre ne fait que commencer, puisqu'au 1er janvier 1834 il ne se trouvait que onze usines destinées à travailler la betterave, les contributions indirectes ont été :

en 1831 de 2,188,386 fr.
1832 2,184,717
1833 2,240,680
1834 2,260,614
1835 2,411,295

de sorte qu'en quatre ans, dans le département de l'Aisne, leur produit ne s'est accru que de 223,000 fr., tandis que dans celui du Nord, l'augmentation a été d'environ 2 millions, et dans ce résultat ne sont point compris les droits sur les ventes et mutations de toute nature, ainsi que de l'augmentation de la matière imposable qui résulte de constructions considérables.

FOUQUIER-D'HÉROUEL.

PARIS, IMPRIMERIE DE MOQUET ET COMP.,
rue de la Harpe, 90.

www.ingramcontent.com/pod-product-compliance
Lightning Source LLC
LaVergne TN
LVHW020257230826
846091LV00006B/2460
* 9 7 8 2 0 1 1 7 7 1 1 7 9 *